もくじ

平面図形の辺の長さ

例題 ▸▸ まわりの長さはどのくらい？

下のような、図形の太い線の長さの合計を求めましょう。
①から④は、すべて正三角形です。正三角形とは、3つの辺の長さがすべて同じ三角形です。

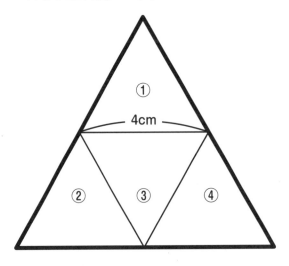

①から④までの三角形は、一辺が4cmの正三角形だとわかるので、それぞれの辺の長さをたし合わせると、太い線の長さは一辺が8cmで合計 **24cm** になります。

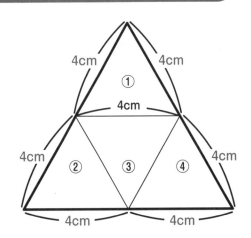

まわりの長さはどのくらい?

図形の太い線の長さを求めましょう。

① いくつかの図形がくっついて、大きな図形になっています。

② 各問題文をヒントにしましょう。

問題1　①〜⑧はすべて正三角形です。

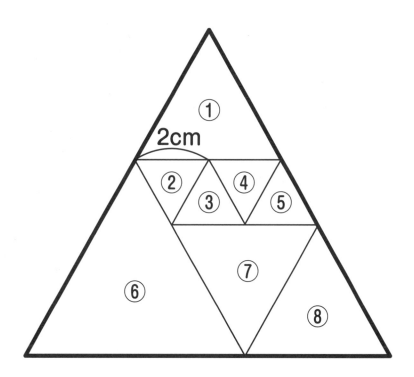

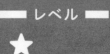
まわりの長さはどのくらい？

問題2　①〜⑩は、すべて正三角形です。

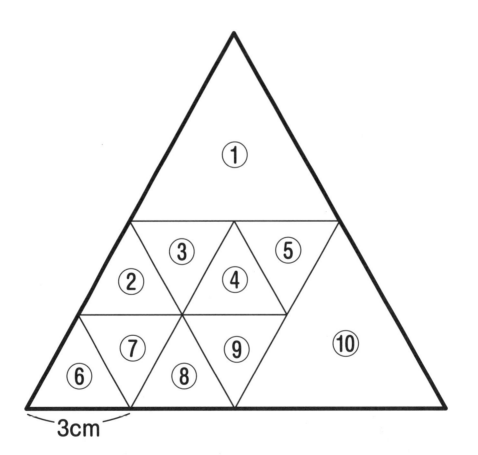

まわりの長さはどのくらい？

問題3

①～⑥は、すべて正三角形です。

⑦、⑧はひし形です。

ひし形は、4つの辺の長さがすべて同じ四角形です。

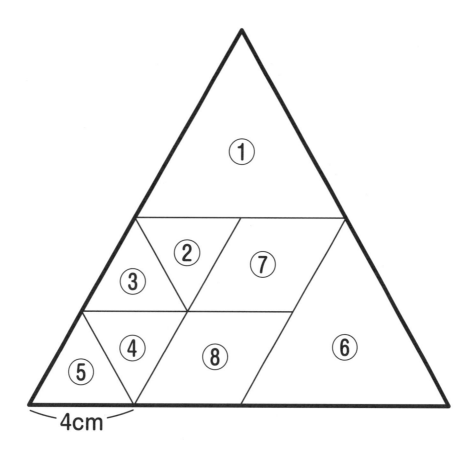

4cm

まわりの長さはどのくらい？

問題4　①～⑪は、すべて正三角形です。
太い線で囲まれた図形は平行四辺形です。
平行四辺形は、1組の向かい合う辺が並行な
四角形です。

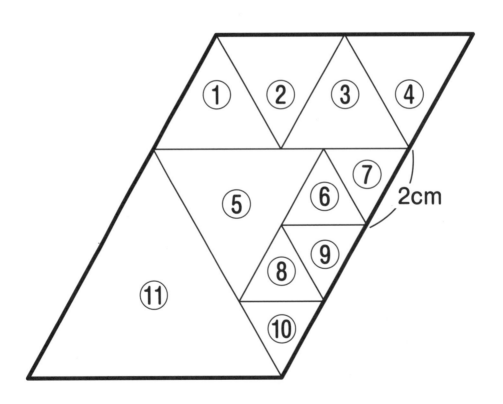

問題5　①～⑥は、すべて正三角形です。

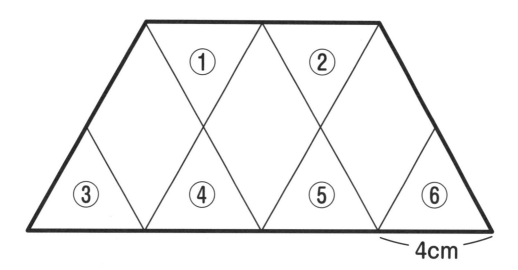

4cm

問題6　①〜⑯は、すべて正三角形です。
太い線で囲まれた図形は平行四辺形です。

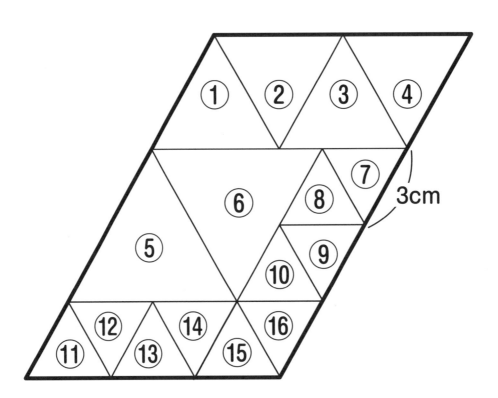

3cm

問題7　①〜⑤は、すべて正三角形です。

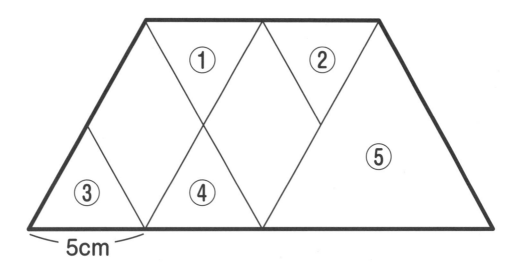

5cm

問題8（もんだい）

①〜⑤は、すべて正方形（せいほうけい）です。
⑥は長方形（ちょうほうけい）です。

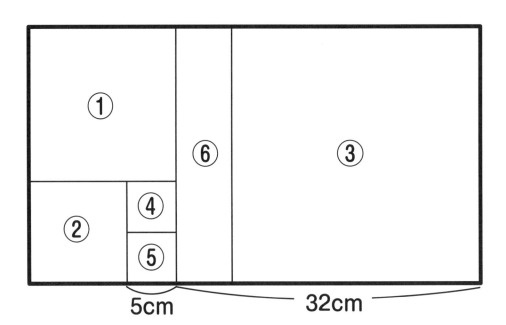

5cm　　　32cm

まわりの長さはどのくらい？

問題9　①〜④はすべて正方形で、⑤、⑥は長方形です。②の一辺は、④の一辺の2倍です。

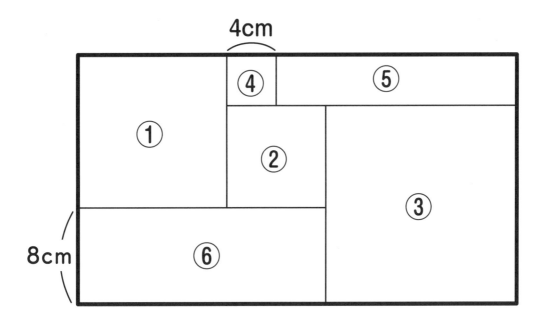

まわりの長さはどのくらい？

問題10　①〜⑪は、すべて正方形です。
⑧の一辺は、⑩の一辺の2倍です。

①　②　③　⑨

⑩

⑪

④　⑤　⑥　⑦　⑧

32cm

問題11

①〜④はすべて正方形で、⑤〜⑨はすべて正三角形です。④の一辺は、②の一辺の3倍です。

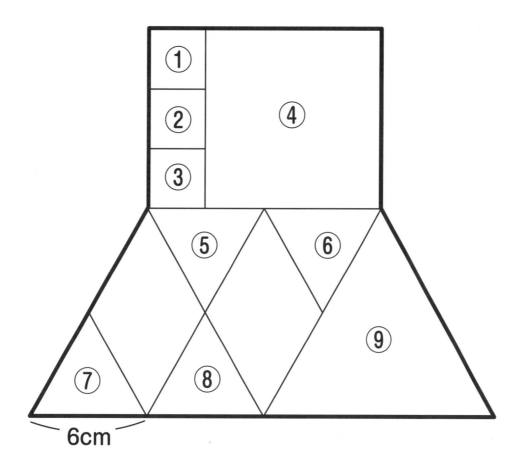

動物たちの運動会

今日は運動会。100m走を終えたライオン、ウサギ、サルにインタビューをしました。それぞれ何位だったでしょう。

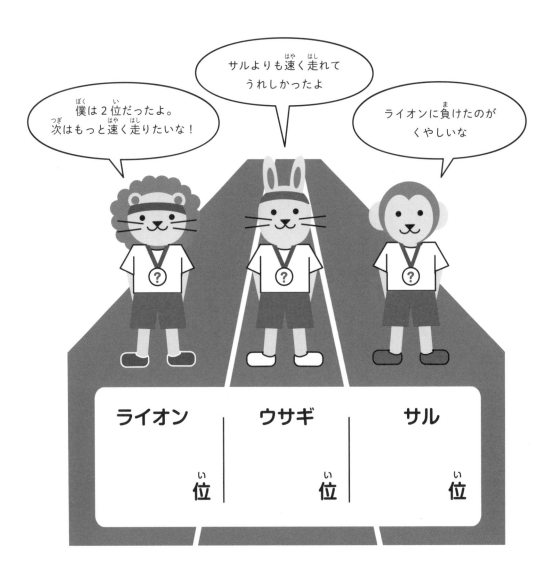

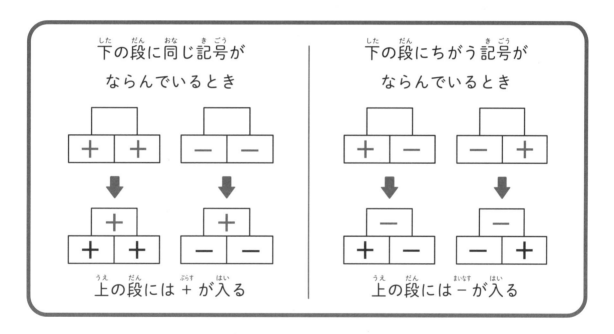

ひらめき体操パズル

＋－ピラミッド

下のルールにしたがって、あいているブロックに ＋ か － を入れましょう。

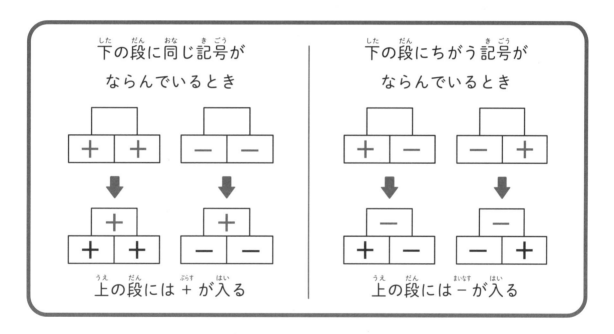

下の段に同じ記号がならんでいるとき
上の段には＋が入る

下の段にちがう記号がならんでいるとき
上の段には－が入る

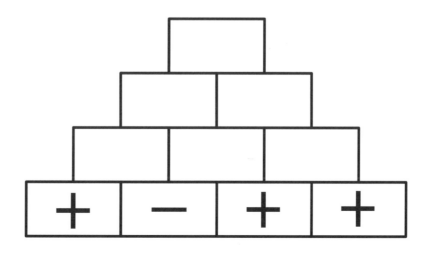

例題 ▶▶▶ 三角四角で分割パズル

① 下のマスにタテ・ヨコ・ナナメ45度の線をひいて、図形のブロックにわけてください。線は何本使ってもよいです。

② わけたブロックの中には漢字がそれぞれ1つずつ入ります。

③ それぞれの漢字は、わけた後のブロックがどんな形になるのかのヒントになっています。

三 → 三角形　　正 → 正方形　　長 → 長方形

平 → 平行四辺形（2組の向かい合う辺がどちらも平行な四角形）

台 → 台形（1組の向かい合う辺が平行な四角形）

四 → それ以外の形の四角形

	三	長
台		正

ルールにしたがって、それぞれの漢字をヒントにしてブロックを分割すると、図のようになります。

45度（直角の半分）

	三	長
台		正

三角四角で分割パズル

★

マスにタテ・ヨコ・ナナメ 45 度の線をひいて、図形のブロックにわけてください。

① わけたブロックの中には漢字がそれぞれ 1 つずつ入ります。

② それぞれの漢字は、わけた後のブロックがどんな形になるのかのヒントになっています。

三 → 三角形　　正 → 正方形　　長 → 長方形

平 → 平行四辺形

台 → 台形

四 → それ以外の形の四角形

問題1

		正
長		長

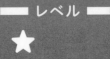
三角四角で分割パズル

問題2

	三	
台		
		三

問題3

台	長	
		三
四		

— 18 —

問題4

正		長
		三
	台	

問題5

台		三
	平	
台	長	

三角四角で分割パズル

問題6

	平		三
四			
		長	
	台		台

四角形には
こんな形もあるよ！

問題7

	台		三
四			
		長	
台			三

問題 8

	三		
四			
	台		三
	台		

問題 9

		三	長
台	平		
四			正

三角四角で分割パズル

問題 10

正			台
		台	
三			長
	三		台

問題 11

	四		長
平		平	
三			台

問題12

台			正
	平		
台		平	
	平		三

問題13

長			
		正	
正			三
長		三	

三角四角で分割パズル

問題14

三				台
	正			
四				台

問題15

		平		台
	台			台
三				
		長		

問題16

		長		
			正	
長			台	
	三			

問題17

				四
台				
		三		
		長		

三角四角で分割パズル

問題18

				台
三				
	長			
			四	長
三				

問題19

		台		台
			四	
	三			
				長

三角四角で分割パズル

問題 20

		三		三
三				
正			平	
	長	三		

問題 21

	長	長	三	
	正		台	
	台			
			三	

ひらめき体操パズル

動物たちの運動会

　今日は運動会。100m走を終えたカエル、ペンギン、トリにインタビューをしました。それぞれ何位だったでしょう。

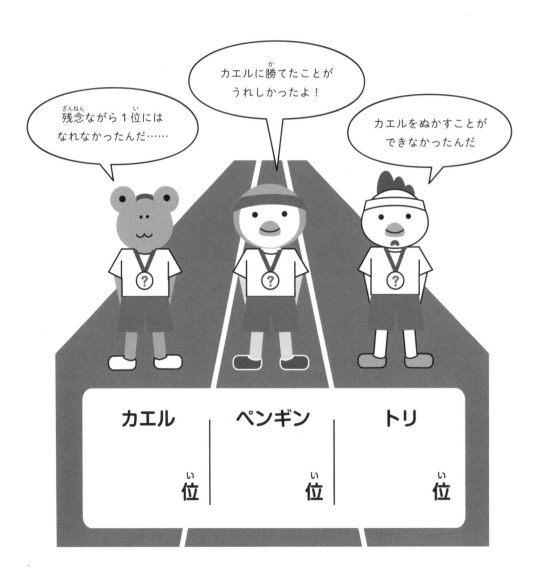

ひらめき体操パズル

＋－ピラミッド

下のルールにしたがって、あいているブロックに ＋ か － を入れましょう。

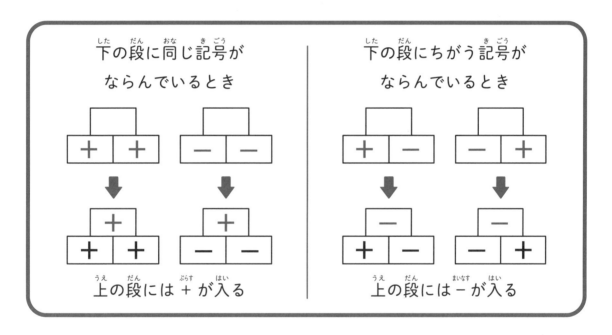

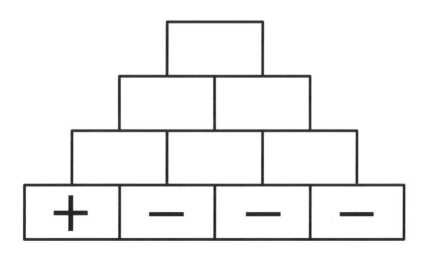

例題 ▸▸ サイコロのおもてとうら

サイコロの向かい合う面（対になる面）の目の和はすべて7になります。ア〜ウにサイコロの目を入れて、サイコロの展開図を完成させましょう。目の向きをそろえる必要はありません。

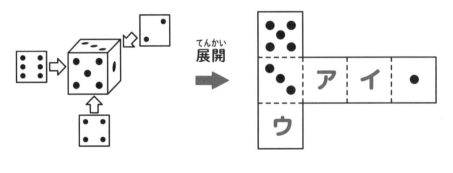

① イとウについて考えます。サイコロの向かい合う面は、展開したときにとなりのとなりになるので、**イ＝4**、**ウ＝2**の目になります。
② アについて考えます。**7－1＝6**、**ア＝6**になります。

サイコロのおもてとうら

レベル

★

あいている面にサイコロの目を入れて、サイコロの展開図を完成させましょう。

① サイコロの向かい合う面（対になる面）の目の和はすべて7になります。

② それぞれの問題の展開図は、下のサイコロを展開した図です。

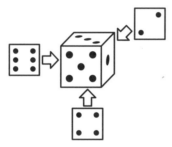

問題1

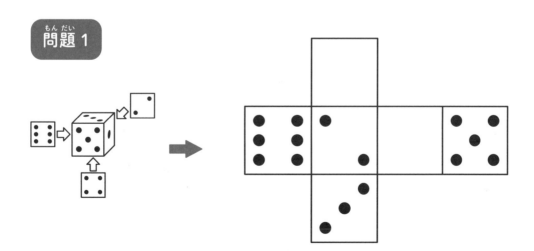

サイコロのおもてとうら

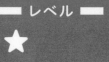

問題2

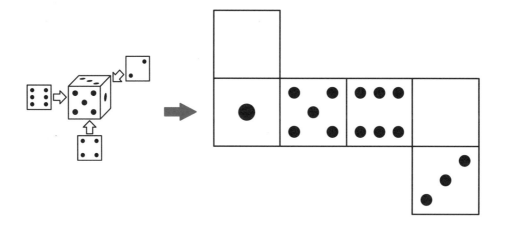

問題3

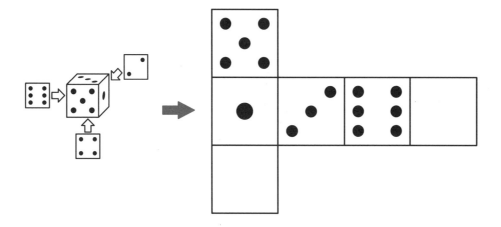

サイコロのおもてとうら

問題 4

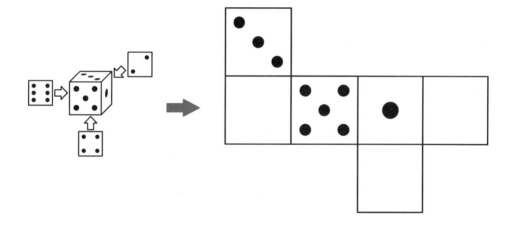

問題 5

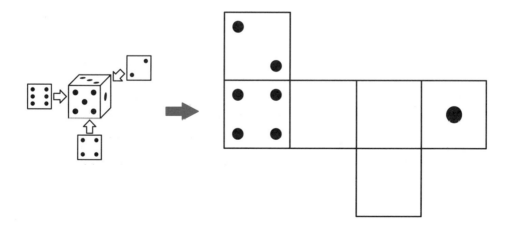

組み立てるとどんなハコ?

A～Dのうち、正しいハコには○、正しくないハコには×をつけましょう。

展開図を組み立てて、ハコを作ります。

問題6

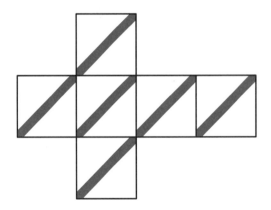

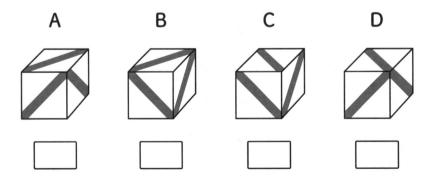

A   B   C   D

組み立てるとどんなハコ？

問題7

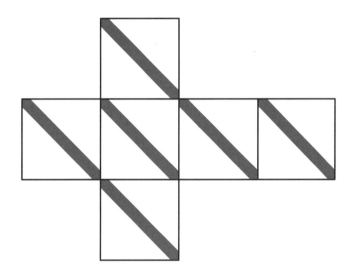

A   B   C   D

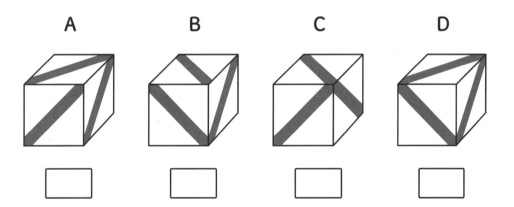

組み立てるとどんなハコ?

問題8

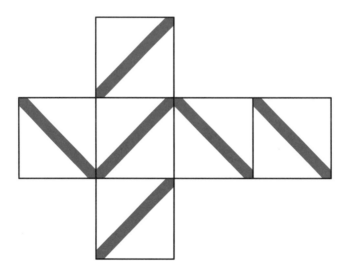

A   B   C   D

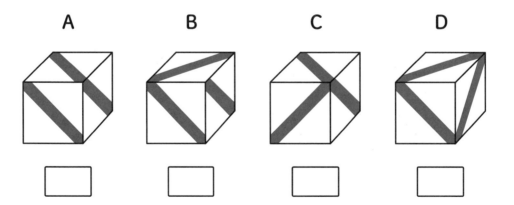

組み立てるとどんなハコ?

問題9

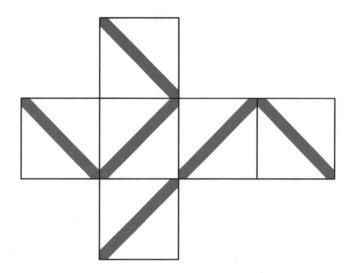

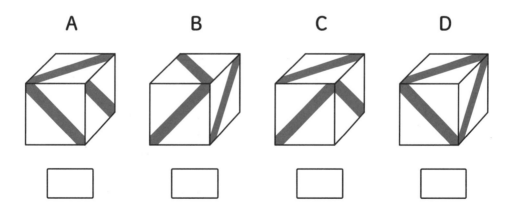

A   B   C   D

もようがつながるのはどれ？

A ～ D の展開図をそれぞれ組み立てたとき、白い線が1つの連続したわになるものを1つえらびましょう。

A ～ D はすべて、立方体（サイコロのように、6つの面すべてが正方形の立体）の展開図です。

問題10

A

B

C

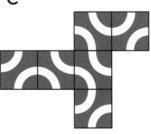

D

もようがつながるのはどれ？

問題 11

A

B

C

D

問題 12

A

B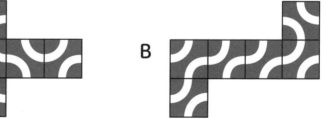

C

D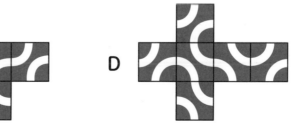

もようがつながるのはどれ？

問題 13

A

B

C

D

問題 14

A

B
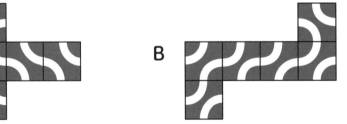

C

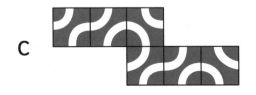

D

もようがつながるのはどれ？

問題 15

A

B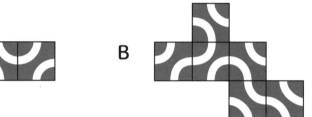

C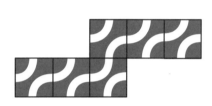

D

問題 16

A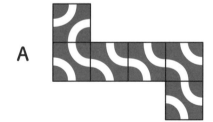

B

C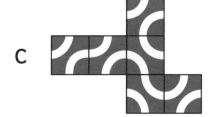

D

ひらめき体操パズル

動物たちの運動会

　今日は運動会。100m走を終えたクマ、ネコ、リス、ウサギにインタビューをしました。それぞれ何位だったでしょう。

クマ　　　ネコ　　　　リス　　　ウサギ

位　　　位　　　　位　　　位

ひらめき体操パズル

＋－ピラミッド

下のルールにしたがって、あいているブロックに ＋ か － を入れましょう。

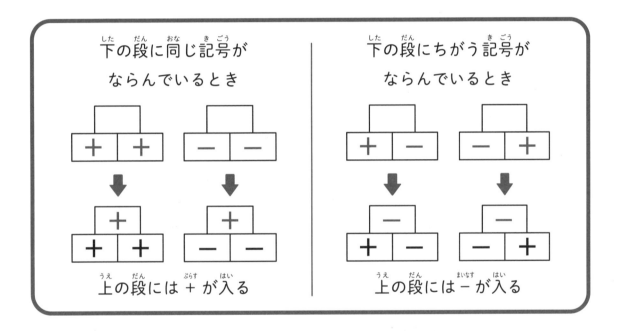

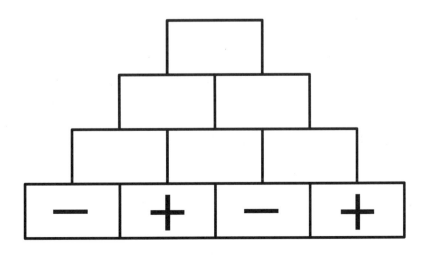

単元

4 | 積み重ねた立方体の数①

例題 ▶▶▶ **ブロックビルディング**

3×3のマスがあります。それぞれのマスには、1～3つのブロックが積んであり、右下の図は、それを真上から見たものです。それぞれの矢印には、矢印の方向から見える列の数が書いてあります。すべてのマスに、いくつのブロックが積んであるかを表す数字を入れましょう。タテ・ヨコそれぞれの列に1～3の数字が1回ずつ入ります。

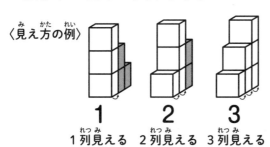

〈見え方の例〉

1
1列見える

2
2列見える

3
3列見える

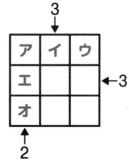

① タテ・ヨコ列に同じ数字は入らないので、矢印の方向から見える列の数がわかると、ブロックの積まれ方がわかります。イのタテ列は上から1、2、3が入り、
エのヨコ列は右から、1、2、3が、アのタテ列は下から、1、3、2が入ります。

② 残ったマスは、タテ・ヨコ列で数字がかぶらないように数字を入れていきます。

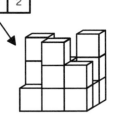

2	1	3
3	2	1
1	3	2

ブロックビルディング

すべてのマスに、積んであるブロックの数を表す数字を入れましょう。

① 図は、積み上げたブロックを上から見たものを表します。

② 矢印の数はその方向から見えるブロックの列の数を表しています。

③ それぞれのタテ列とヨコ列に同じ数字は入りません。

問題1

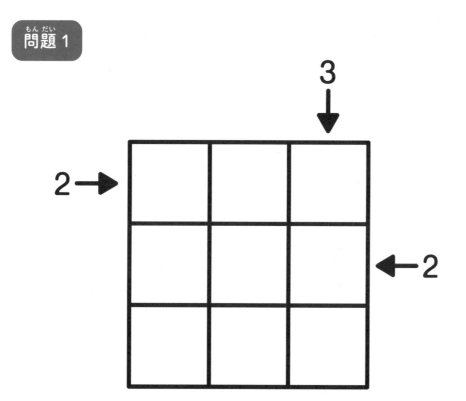

問題2

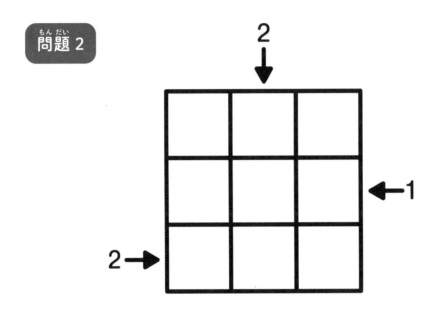

問題3

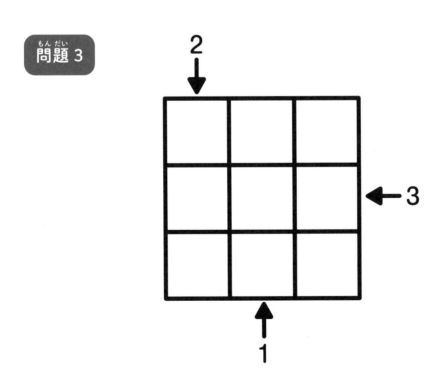

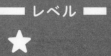
ブロックビルディング

問題 4

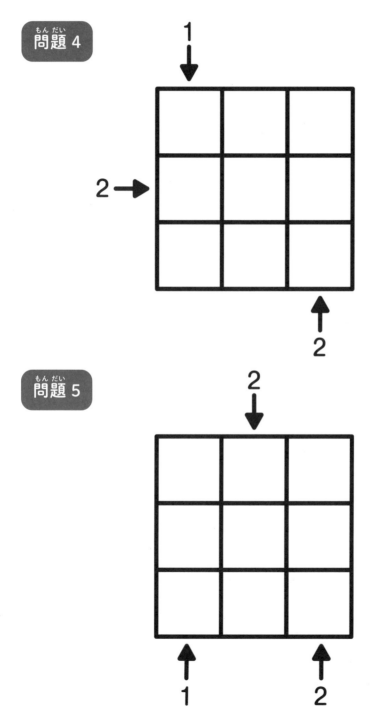

問題 5

ブロックビルディング

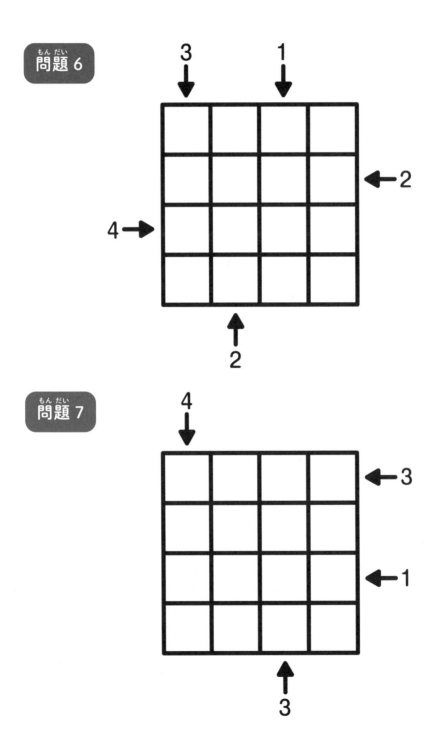

ブロックビルディング

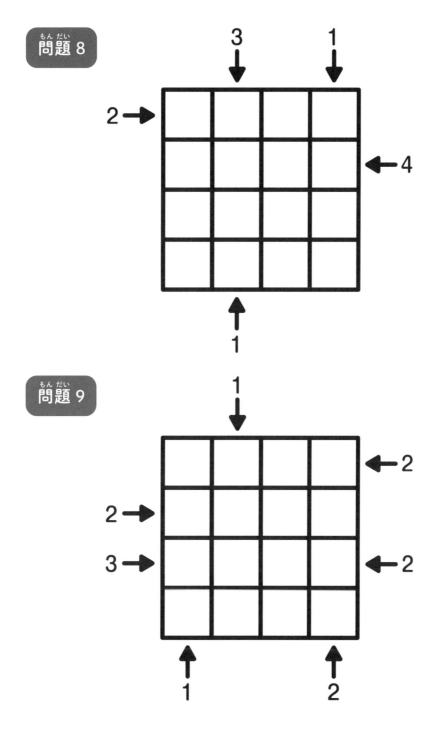

ブロックビルディング

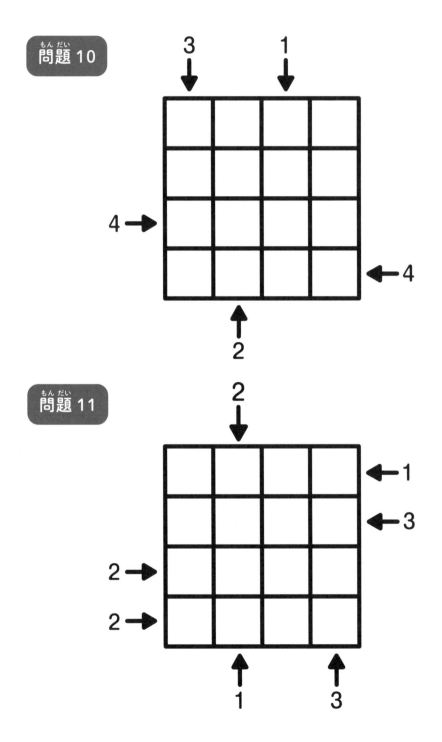

問題 10

問題 11

ブロックビルディング

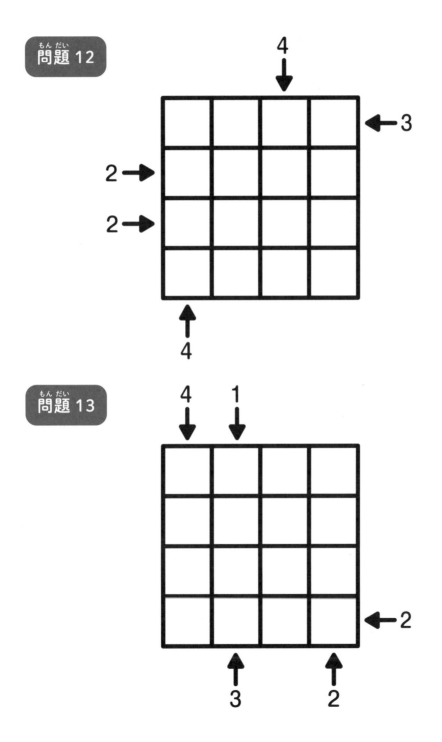

問題 12

問題 13

問題 14

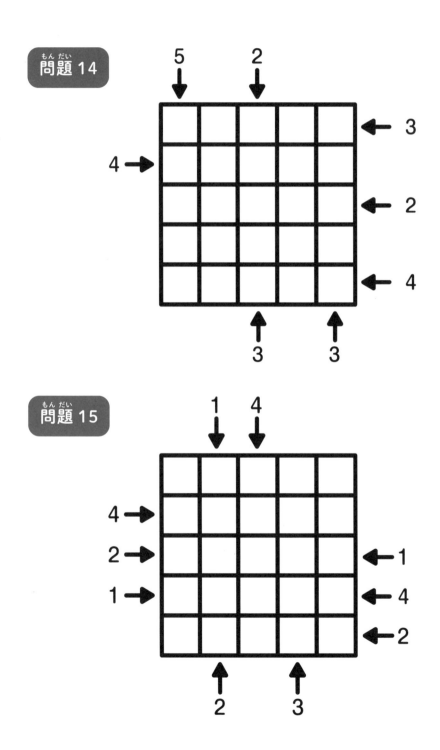

問題 15

問題16

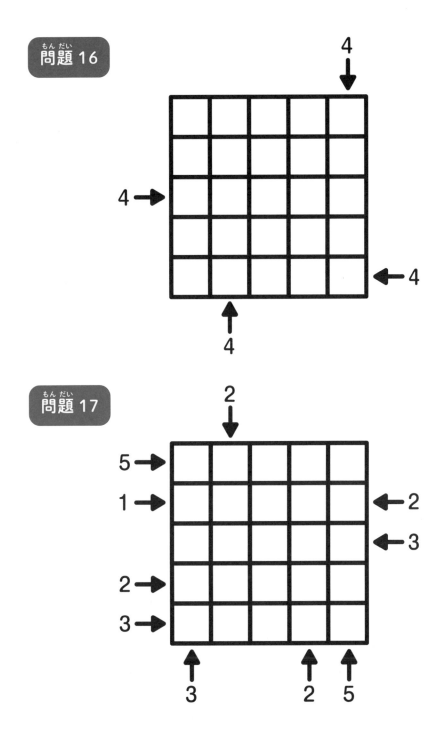

問題17

━ 53 ━

ブロックビルディング

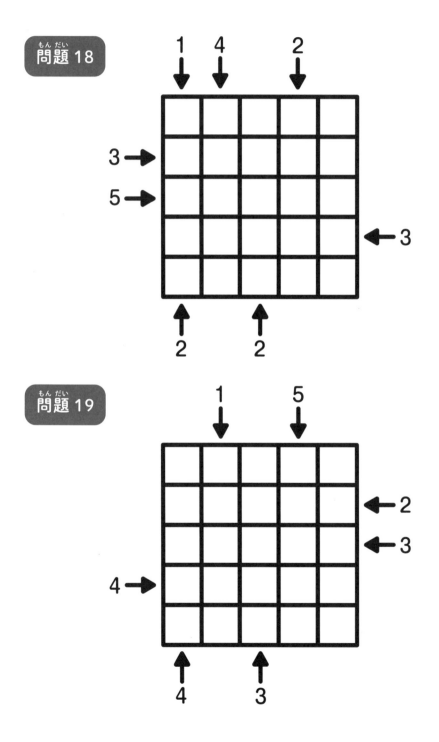

問題 18

問題 19

問題 20

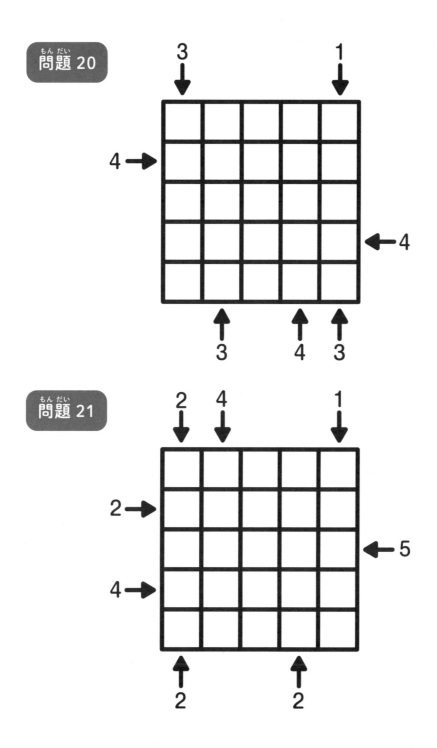

問題 21

ひらめき体操パズル

動物たちの運動会

今日は運動会。100m走を終えたコアラ、パンダ、ライオン、トラにインタビューをしました。それぞれ何位だったでしょう。

ひらめき体操パズル

＋ーピラミッド
<small>ぷらす まいなす</small>

下のルールにしたがって、あいているブロックに ＋ かーを入れましょう。

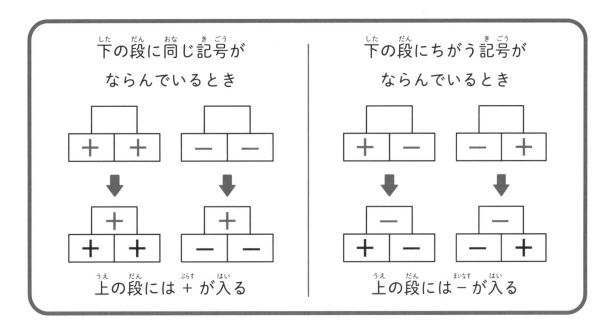

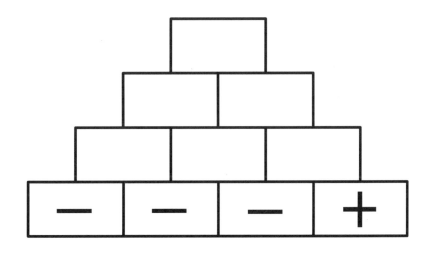

例題 ▸▸ くしざしブロック

下の図のように27個の立方体を積み上げ、●印からそれぞれの面の反対側まで穴をあけます。このとき、穴があかずに残る立方体はいくつありますか。

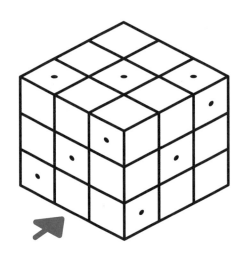

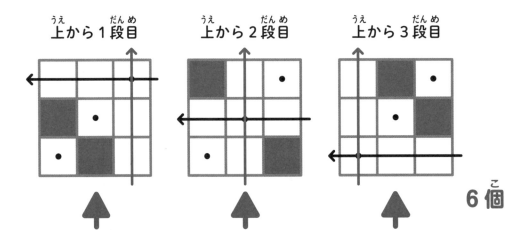

上から1段目　　上から2段目　　上から3段目

6個

くしざしブロック

穴があかずに残る立方体はいくつありますか。

① いくつかの立方体が合わさって、大きな立方体を作っています。

② ●印からそれぞれの面の反対側まで穴をあけます。

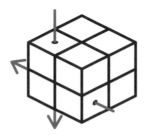

問題1

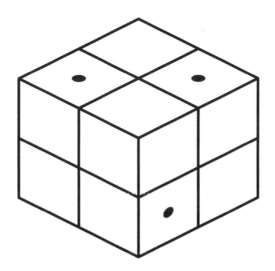

くしざしブロック

問題 2

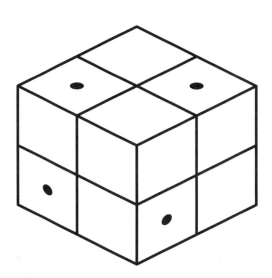

問題 3

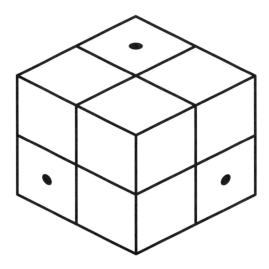

問題4

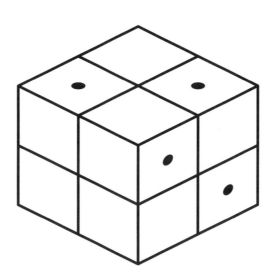

問題5

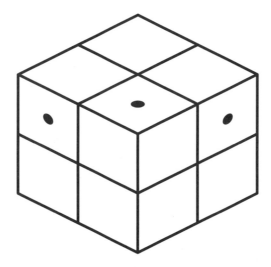

問題6

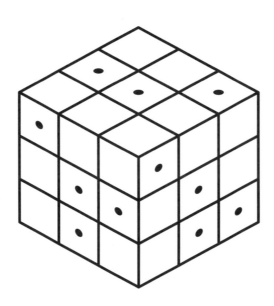

問題7

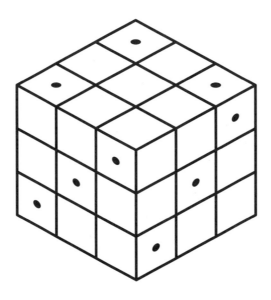

問題8

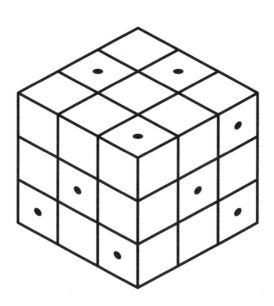

問題9

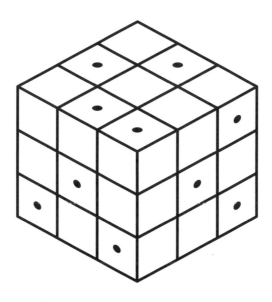

くしざしブロック

問題10

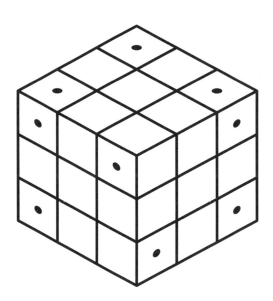

問題11

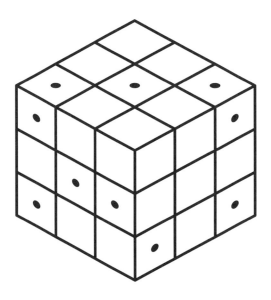

問題12

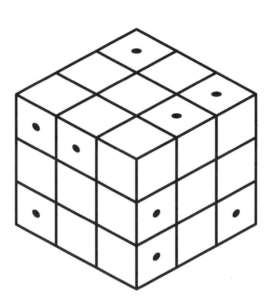

問題13

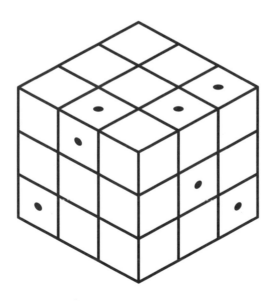

くしざしブロック

穴があかずに残る立方体はいくつありますか。

① いくつかの小さな立方体を組み合わせて、大きな立体を作ります。

② 小さな立方体は上の段にいくにつれて1列ずつ減っていきます。

③ ●印からそれぞれの面の反対側まで穴をあけます。

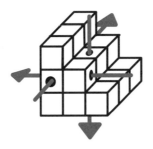

問題14

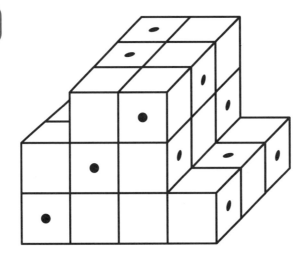

問題 15

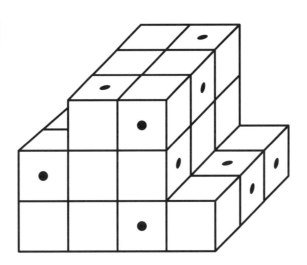

問題 16

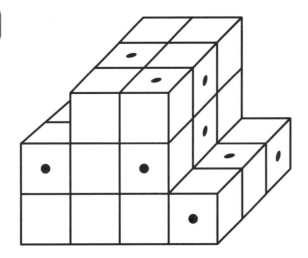

問題 17

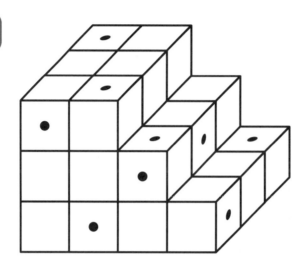

問題 18

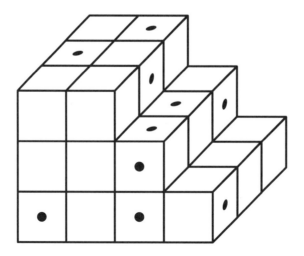

問題 19

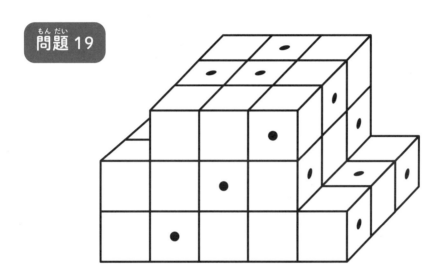

問題 20

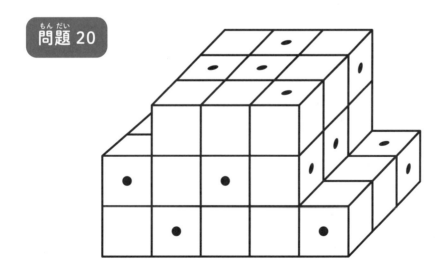

ひらめき体操パズル

動物たちの運動会

今日は運動会。100m走を終えたウマ、カエル、トリ、リス、ブタにインタビューをしました。それぞれ何位だったでしょう。

ひらめき体操パズル

＋－ピラミッド

下のルールにしたがって、あいているブロックに ＋ か － を入れましょう。

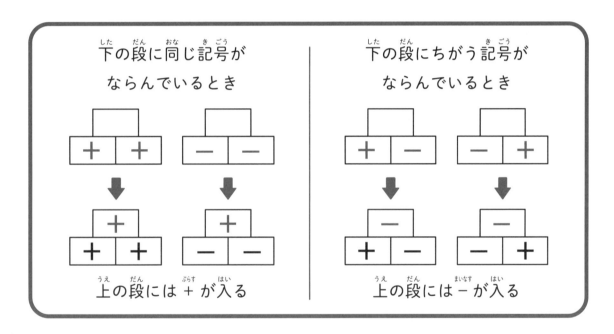

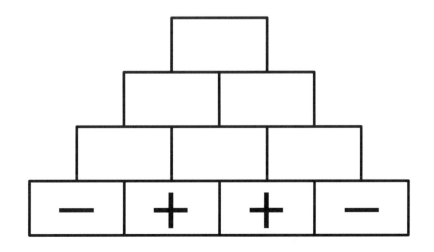

解答

単元
1 ▶▶▶

単元1 問題1

30㎝

単元1 問題2

36㎝

単元1 問題3

48㎝

単元1 問題4

30㎝

単元1 問題5

40㎝

単元1 問題6

45㎝

単元1 問題7

50㎝

単元1 問題8

144㎝

112cm

480cm

78cm

単元 1　動物たちの運動会

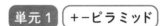

ライオン	ウサギ	サル
2位	1位	3位

単元 1　＋−ピラミッド

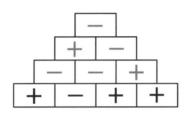

単元 2

2 ▶▶▶

単元 2　問題 1

単元 2　問題 2

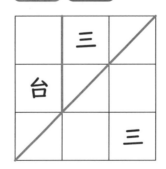

単元 2　問題 3

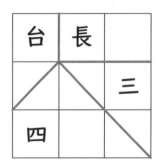

単元 2　問題 4

単元 2　問題 5

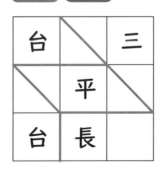

単元 2　問題 6

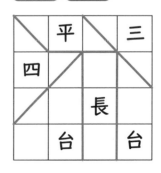

単元2 **問題7**

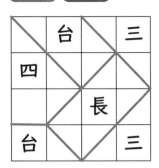

単元2 **問題8**

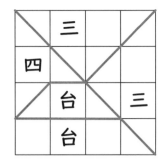

単元2 **問題9**

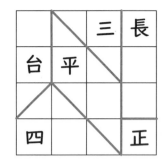

単元2 **問題10**

単元2 **問題11**

単元2 **問題12**

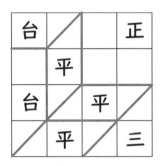

単元2 **問題13**

単元2 **問題14**

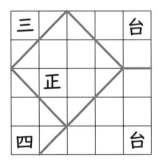

単元2 **問題15**

単元2 **問題16**

単元2 **問題17**

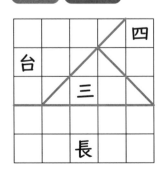

単元2 **問題18**

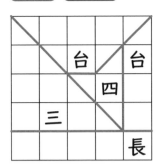

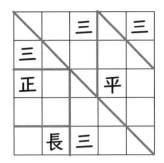

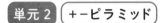

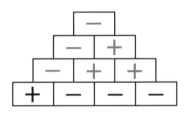

単元 3 ▶▶▶

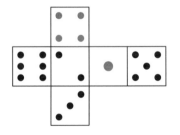

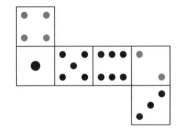

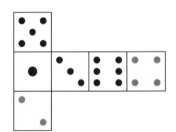

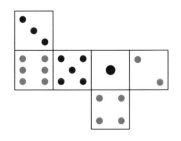

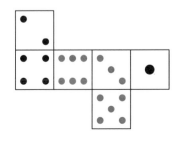

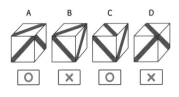

単元 3 問題 7

A　B　C　D

| O | O | × | × |

単元 3 問題 8

A　B　C　D

| O | O | × | × |

単元 3 問題 9

A　B　C　D

| × | O | O | O |

単元 3 問題 10

Ⓐ

単元 3 問題 11

Ⓒ

単元 3 問題 12

Ⓓ

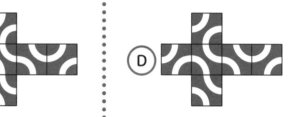

単元 3 問題 13

Ⓒ

単元 3 問題 14

Ⓐ

単元 3 問題 15

Ⓓ

単元 3 問題 16

Ⓒ

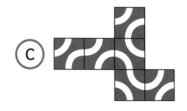

単元 3 動物たちの運動会

クマ	ネコ	リス	ウサギ
1位	3位	2位	4位

単元 3 ＋－ピラミッド

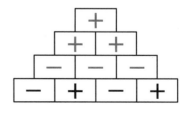

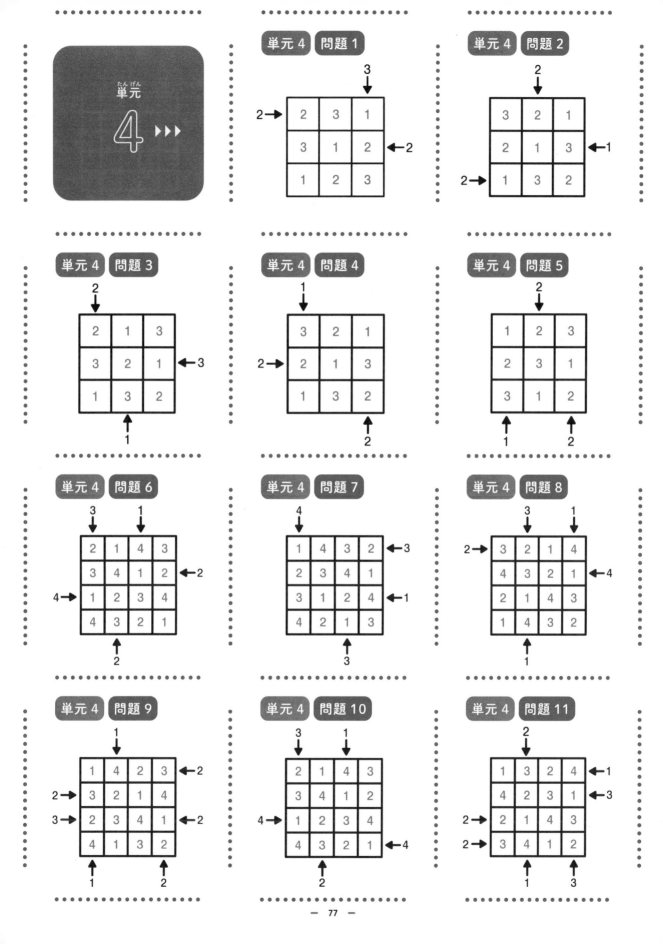

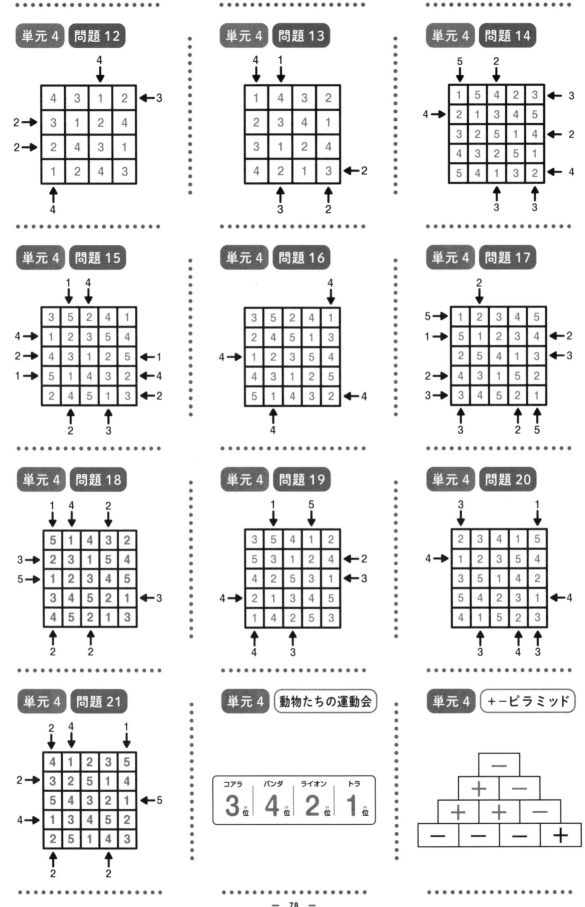

単元4 問題12

単元4 問題13

単元4 問題14

単元4 問題15

単元4 問題16

単元4 問題17

単元4 問題18

単元4 問題19

単元4 問題20

単元4 問題21

単元4 動物たちの運動会

コアラ	パンダ	ライオン	トラ
3位	4位	2位	1位

単元4 ＋－ピラミッド

— 78 —

単元 5 | 問題 1

3個

単元 5 | 問題 2

2個

単元 5 | 問題 3

4個

単元 5 | 問題 4

2個

単元 5 | 問題 5

3個

単元 5 | 問題 6

6個

単元 5 | 問題 7

7個

単元 5 | 問題 8

9個

単元 5 | 問題 9

7個

単元 5 | 問題 10

10個

単元 5 | 問題 11

6個

5個

10個

4個

6個

9個

8個

9個

7個

9個

単元 5 | 動物たちの運動会

ウマ	カエル	トリ	リス	ブタ
3位	1位	2位	5位	4位

単元 5 | ＋－ピラミッド

```
        +
      -   -
    -   +   -
  -   +   +   -
```